THE WEAPONS ENCYCLOPÆDIA

TANK AIRCRAFT AFV SHIP ARTILLERY VEHICLES SECRET WEAPON

TWE-011 ITA

LE PRIME AUTOBLINDE ITALIANE

THE WEAPONS ENCYCLOPAEDIA

EDITORIAL STAFF
Luca Cristini, Paolo Crippa.

REDAZIONE ACCADEMICA
Enrico Acerbi, Massimiliano Afiero, Aldo Antonicelli, Ruggero Calò, Luigi Carretta, Flavio Chistè, Anna Cristini, Carlo Cucut, Salvo Fagone, Enrico Finazzer, Björn Huber, Andrea Lombardi, Aymeric Lopez, Marco Lucchetti, Luigi Manes, Giovanni Maressi, Francesco Mattesini, Federico Peirani, Alberto Peruffo, Maurizio Raggi, Andrea Alberto Tallillo, Antonio Tallillo, Massimo Zorza.

PUBLISHED BY
Luca Cristini Editore (Soldiershop), via Orio, 35/4 - 24050 Zanica (BG) ITALY.

DISTRIBUTION BY
Soldiershop - www.soldiershop.com, Amazon, Ingram Spark, Berliner Zinnfigurem (D), LaFeltrinelli, Mondadori, Libera Editorial (Spain), Google book (eBook), Kobo, (eBoook), Apple Book (eBook).

CONTRIBUTORS OF THIS VOLUME & ACKNOWLEDGEMENTS
Ringraziamo i principali collaboratori di questo numero: I profili dei carri sono tutti dell'autore. Le colorazioni delle foto sono di Anna Cristini. Ringraziamenti particolari a istituzioni nazionali e/o private quali: Stato Maggiore dell'esercito, Archivio di Stato, Bundesarchiv, Nara, Library of Congress ecc. A P.Crippa, A.Lopez, L.Manes, C.Cucut, archivi Tallillo. Model Victoria (www.modelvictoria.it), per avere messo a disposizione immagini o altro dei loro archivi.

For a complete list of Soldiershop titles, or for every information please contact us on our website: www.soldiershop.com or www.cristinieditore.com. E-mail: info@soldiershop.com. Keep up to date on Facebook & Twitter: https://www.facebook.com/soldiershop.publishing

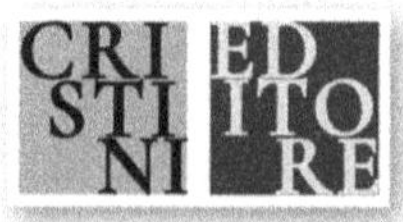

Titolo: **LE PRIME AUTOBLINDE ITALIANE: LANCIA 1Z, FIAT 611 E ALTRE MINORI** Code.: **TWE-011 IT**
Collana curata da L. S. Cristini
ISBN code: 978-88-93279871. Prima edizione giugno 2023
THE WEAPONS ENCYCLOPAEDIA (SOLDIERSHOP) is a trademark of Luca Cristini Editore

THE WEAPONS ENCYCLOPÆDIA

TANK AIRCRAFT AFV SHIP ARTILLERY VEHICLES SECRET WEAPON

LE PRIME AUTOBLINDE ITALIANE: LANCIA 1Z, FIAT 611
E ALTRE MINORI

LUCA STEFANO CRISTINI

BOOK SERIES FOR MODELERS & COLLECTORS

INDICE

▼ Ufficiali italiani mostrano a un loro collega americano le caratteristiche della blindo Ansaldo Lancia 1Z (1915-18).

INTRODUZIONE

In questo primo volume dedicato alle autoblinde italiane, iniziamo a presentare le prime e le più antiche. All'inizio si trattava soprattutto di modelli rimasti a livello di prototipi, o di mezzi prodotti in numero assai basso. Tra le tante, abbiamo dedicato un po' di spazio alle blindo più antiche come la Bianchi, già presente nel conflitto italo-turco, o la FIAT-Terni Tripoli nata nel 1918; il testo prosegue poi con la leggendaria Lancia 1Z, mezzo fortunato nato durante il primo conflitto mondiale, che rimase operativo fino al 1945! Si trattava di una massiccia autoblindo, interamente di progettazione italiana. A completamento del volume tratteremo l'autoblindo FIAT 611, progettata e costruita nel 1932 dalla casa torinese e, come spesso accadeva al tempo, con la Ansaldo. Anche questo mezzo fu specificatamente progettato per uso coloniale; operò infatti soprattutto nella A.O.I. insieme alla sorella più anziana Lancia 1Z e ai carri veloci L3. Oltre venti tavole di profili a colori dell'autore completano questo libro.

■ LO SVILUPPO DELLE AUTOBLINDE IN ITALIA

I primi tipi di autoblinde, che risalgono al periodo della Prima Guerra Mondiale (ma in alcuni casi anche prima), erano rappresentati da normali autoveicoli, muniti di una sorta di carrozzeria blindata e armati di mitragliatrice. In Italia, in coincidenza con lo sviluppo della motorizzazione dell'Esercito e con la guerra di Libia, gia dal 1911 vennero messi allo studio vari mezzi blindati dotati di mitragliatrice, le cosiddette autoblindo mitragliatrici. Le grandi industrie italiane FIAT, Isotta-Fraschini e Bianchi si cimentarono nella progettazione di modelli di questo nuovo tipo di arma, ma fu l'Ansaldo, con la sua Lancia 1Z, a realizzare il mezzo migliore, che abbinava una tecnica di costruzione più moderna rispetto alle altre del periodo, oltre ad avere una linea elegante. Il mezzo offrì una buona efficienza, specie nelle ultime fasi del primo conflitto mondiale. Tale resa onorevole garantì alla blindo dell'Ansaldo di rimanere in servizio fino a tutta la Seconda Guerra Mondiale, partecipando tuttavia solo a compiti di secondo piano. Negli anni '30 del secolo scorso, poi, si cercò di dare un sorella più moderna alla Lancia 1Z attraverso un veicolo studiato dalla FIAT: il modello 611. Questo, però, naque in un periodo in cui le autoblinde stavano subendo una trasformazione più moderna, e il 611 invece nasceva già vecchio.

▲ Colonna di autoblindo FIAT-Terni sotto le palme del deserto cirenaico.

▲ Una FIAT-Terni Tripoli. Il motivo a rombi intorno alla torretta riprende i colori della bandiera nazionale, una usanza questa che durerà in alcuni casi fino ai primi mesi di guerra del 1940.

I PRIMI PROTOTIPI DI AUTOBLINDO

Ad aprire la storia delle autoblinde italiane ci ha pensato la guerra italo-turca. Prima in ordine di tempo fu la FIAT Arsenale nel 1912, costruita in un solo esemplare/prototipo dall'Arsenale di Torino. A essa fece seguito la blindo realizzata dalla Isotta-Fraschini RM sempre nello stesso anno. La nota fabbrica di automobili di pregio , a ridosso del conflitto mondiale, decise di realizzare anche mezzi militari, finendo col realizzare una delle prissime blindo italiane partendo da *chassis* destinati alle auto civili.

Nel 1915, a guerra già iniziata, venne poi il turno dell'autoblindo Bianchi "Pallanza". Denominata al tempo "Automitragliatrice" aveva visto un prototipo realizzato già ai tempi della guerra di Libia.

Sempre durante il primo conflitto mondiale, l'esercito italiano si dotò anche di un mezzo acquistato in Inghilterra: si tratta dell'autoblindo *Lanchester* che venne data in dotazione ai Cacciatori d'Africa, specialità di fanteria e fanteria montata del Regio Esercito italiano, costituita per l'impiego nelle colonie italiane. Ben più imporante fu l'autoblindo fu la FIAT-Terni Tripoli (o Libia), impostata verso la fine della Grande Guerra e che, con la Bianchi, tratteremo in un apposito capitolo.

Nata negli anni del primo conflitto mondiale, occorre citare ora anche la Lancia Ansaldo 1Z, che vide gli albori nel 1916. Destinata ad essere l'autoblindo per eccellenza degli anni fino al 1945, con continue modifiche e migliorie (anche se va detto che già negli anni '30 questo mezzo era divenuto arcaico), continuando a servire soprattutto in ambito coloniale. Ne furono costruite oltre 130 unità.

A seguire, nel 1927, nasce, in un solo prototipo, la Autoblindo Ansaldo Corni Scognamiglio; mezzo dalla forma originale e inconsueta, aveva come base il camion Ansaldo con la formula delle ruote 4x4.

Queste autoblinde "minori" verranno tutte trattate in un apposito volume della nostra collana prossimamente.

Nel 1935 nasce invece la FIAT 611 armata con una mitragliatrice da 37/40 e due da 8. Insieme alla Lancia 1Z, il veicolo della FIAT è il mezzo più trattato in questo libro. Ne verranno costruite 48 unità.

L'avvento della Seconda Guerra Mondiale vedrà, infine, lo sviluppo delle ultime note autoblinde, tra cui la famosissima Autoblindo Ansaldo AB 41 (1 da 20/65, 2 da 6,5) realizzata nel 1941, di cui ne verranno realizzate ben 624 unità. Questo mezzo venne preceduto dal suo progenitore Autoblindo Ansaldo AB 39/40 e continuerà il successo con la versione 43, per un totale di quasi 700 macchine delle tre versioni insieme. A fine guerra infine nascerà l'Autoblindo leggera Lancia "Lince".

▲ L'eccentrica linea dell'autoblindo Ansaldo Corni-Scognamiglio del 1927.

▲ La Isotta Fraschini RM, fu una delle primissime autoblinde a entrare in servizio nell'esercito italiano.

LE PRIME AUTOBLINDE

▮ L'AUTOMITRAGLIATRICE BIANCHI

La Guerra di Libia del 1911, combattuta contro l'impero ottomano scoppiò poichè il Regno d'Italia voleva espandere la sua egemonia nel Nord Africa per acquisire nuove colonie. I turco-ottomani possedevano già armamenti e pochi blindati di origine francese e britannica. Questo portò il Regno d'Italia a cercare di dotarsi di nuovi mezzi. L'Automobile Club di Milano decise di aprire una sottoscrizione per fare dono di due autoblindo al Regio Esercito italiano, anche con l'intento non celato di aiutare lo sviluppo delle automobili, allora al loro esordio. Il progetto partì da un'idea del nobile e sodale patriota Antonio de Marchi, che si prefissò di realizzare i mezzi montandoli su due autotelai da 50/60 HP messi a disposizione dalla Edoardo Bianchi e dalla Isotta Fraschini. I nuovi veicoli vennero "fasciati" da protettive piastre metalliche di 6 mm di spessore e armate con due mitragliatrici da 6,5 mm, una sistemata in una torretta al centro, l'altra dentro alla cabina di pilotaggio, con lo scopo di proteggere il retro del mezzo. La nuova invenzione fu chiamata *Autromigliatrice Bianchi*. Il mezzo così concepito risultò del peso complessivo di 3 tonnellate circa, non poco per i tempi. Speciali accorgimenti vennero quindi presi per rinforzare le ruote. A tale scopo intervenne anche la Pirelli, in una sorta di gara patriottica, che realizzò e mise a disposizione una serie di pneumatici adatti. Sull'onda dell'entusiasmo la raccolta dei fondi necessari fu rapida; non altrettanto veloci, invece, furono i lavori di realizzazione, anche a causa di una storia pregressa con l'assenza di modelli a cui riferirsi. Per giungere a un risultato soddisfacente furono, allora, effettuati vari collaudi presso la zona militare di Cascina Malpensa, lontano da occhi indiscreti e da spie straniere. Finalmente pronti i primi due veicoli ed enfaticamente denominati "Incrociatori del deserto", le due autoblindo furono consegnate all'Esercito nella primavera del 1912; il comando italiano ordinò di inviare in Libia i nuovi veicoli Bianchi assieme ai veicoli Isotta-Fraschini e i veicoli blindati FIAT Arsenale per i test di prima linea. Non sono mai state trovate testimonianze sul loro uso, ma a quel punto del conflitto i combattimenti erano quasi terminati e l'arrivo dei veicoli corazzati non riuscì ad influire sul conflitto.

▲ Un'immagine crepuscolare della Bianchi "Pallanza", progenitrice (a suo modo) della futura Lancia 1Z.

Tuttavia trovandoci nel maggio del 1913, si sfruttò l'occasione del decennale di fondazione dell'Automobile Club di Milano, e festeggiare così i veicoli militari.

Sulle prime, il Regio Esercito non si mostrò particolarmente sedotto e interessato al nuovo veicolo militare. Tuttavia, con lo scoppio della Prima Guerra Mondiale e l'entrata nel conflitto dell'Italia nel maggio 1915, le idee dei vertici militari subirono un repentino cambiamento, anche grazie a un'opportuna nuova versione aggiornata e migliorata nella carrozzeria dell'autoblindo Bianchi, denominata "Pallanza".

Un terzo modello apparve poi nel 1916, senza torretta e con la mitragliatrice montata semplicemente sullo scafo.

L'Italia impiegò un numero assai ridotto, forse quattro, di queste autoblindo lungo il fronte italiano dal 1915 al 1916. Nonostante l'aspetto assai rude delle autoblindo Bianchi e il loro esiguo numero prodotto, il modello ebbe comunque il merito di diventare un apripista e influenzare il design di altri simili veicoli europei, e soprattutto esso gettò le basi per l'impostazione della futura Lancia 1Z.

▲ Un bel primo piano della Bianchi "Pallanza", che rende l'idea delle dimensioni proporzionate ai membri dell'equipaggio. In questa versione a cielo aperto la mitragliatrice opera dietro a un sistema scudato corazzato.

AUTOBLINDO FIAT-TERNI TRIPOLI (PRIMA VERSIONE) IN AFRICA SETTENTRIONALE, 1920 CIRCA.

■ L'AUTOBLINDO FIAT-TERNI TRIPOLI

Questa seconda autoblindo, anche nota come FIAT Tripoli Libia, fu progettata nel 1918 e realizzata dalla Odero-Terni-Orlando, Società per la Costruzione di Navi, Macchine ed Artiglierie che ha operato nel campo della cantieristica navale e delle costruzioni meccaniche tra il 1927 al 1933 come società privata, anno in cui, entrando nell'orbita IRI, passò sotto il controllo dello stato Italiano. La produzione vera e propria avvenne presso l'acciaieria Terni di OTO (Livorno) nel 1918. Questa officina era una delle prime componenti del futuro consorzio OTO-Melara. In totale vennero prodotti 14 esemplari, esclusi i prototipi. Il mezzo montava un motore FIAT 53° da 4398 cm3 e aveva come armamento primario la mitragliatrice FIAT-Revelli Mod. 1914. Per queste due caratteristiche, oltre al fatto di montare su un autotelaio FIAT, il suo nome completo comprende appunto anche il nome della famosa fabbrica torinese. Fu l'autoblindo per eccellenza utilizzata nelle aree coloniali controllate dall'esercito reale durante il periodo tra le due guerre. Con la fine della Grande Guerra, in cui non trovò alcun impiego, la macchina venne inviata in Libia con il primo lotto di 12 autoblindo, dove il Regio Corpo Truppe Coloniali della Cirenaica e quello della Tripolitania erano impegnate nella riconquista. Le *Tripoli* equipaggiarono, insieme alle Lancia 1Z e agli autocarri armati FIAT 15 ter, le squadriglie autoblindo del III e del IV Battaglione cacciatori d'Africa. Continuò a essere impiegata in compiti di polizia coloniale fino a metà degli anni trenta, quando iniziò a essere superata anche in questo ruolo e venne quindi accantonata.

Tuttavia, con lo scoppio della Seconda Guerra Mondiale, le forze coloniali del Regio Esercito si trovarono presto a corto di veicoli motorizzati. Pertanto, i pochi veicoli Tripoli sopravvissuti (meno di 10) vennero modificati con la sostituzione di un telaio più moderno. Fu scelto allo scopo il telaio per camion FIAT SPA-38R. Anche le torrette subirono delle modifiche, e ora ospitavano le nuove mitragliatrici pesanti Breda-Safat da 12,7 mm (0,5 pollici), anch'esse recuperate da altrettanti velivoli obsoleti della Regia Aeronautica. Questi veicoli aggiornati furono assegnati alla speciale Brigata corazzata "Babini" nel ruolo di difesa mobile antiaerea, costituita il 25 novembre 1940, ma andarono tutti perduti già nei primi mesi della campagna in Nord Africa.

▲ Una FIAT-Terni Tripoli del Gruppo "Babini" abbandonata nel deserto libico durante la Seconda Guerra Mondiale.

AUTOBLINDO FIAT-TERNI TRIPOLI (SECONDA VERSIONE) BRIGATA "BABINI" , LIBIA 1940

La FIAT-Terni Tripoli riprendeva l'impostazione tecnica della più nota Lancia 1Z, ma di minore dimensioni, quindi più agile veloce e leggera. La prima versione era montata sull'autotelaio FIAT 15 ter Militare, a due assi con trazione posteriore, passo di 3,07 metri e carreggiata di 1,4 metri. Il motore era un FIAT 53A da 4.398 cm^3 a benzina, erogante 36 hp a 1.600 giri/min.

La carrozzeria blindata, formata da lamiere d'acciaio da 6 mm di spessore, era formata da una camera di guida e combattimento cilindrica, munita di due portelli laterali e feritoie di guida, nella quale prendevano posto i quattro uomini d'equipaggio. Nella parte anteriore posto avanti alla camera di combattimento, stava un cofano blindato troncoconico, con portelli laterali per l'accesso al motore e calandra protetta da alette di lamiera; posteriormente invece c'era la coda, sul cui tetto spiovente era fissata la ruota di scorta. Nella camera di combattimento era installata la torretta girevole nella cui feritoia era installata l'arma principale, una mitragliatrice FIAT-Revelli Mod. 1914 da 6,5 × 52 mm. Nella versione definitiva la torretta era cilindrica, mentre il prototipo differiva per il tetto della torretta spiovente ai lati (simile a quella della Lanchester) e per i parafanghi sulle ruote posteriori.

▲ La Ansaldo Lancia 1Z vista frontalmente negli anni della Grande Guerra 1915-1918.

LA ANSALDO LANCIA 1Z

STORIA DEL PROGETTO

La Ansaldo ricevette l'ordine di iniziare uno studio sulle auto blindate dopo la fine della guerra di Libia, durante il periodo di neutralità che precedette l'entrata in guerra dell'Italia nel primo conflitto mondiale. L'ingegner Guido Corni, esperto meccanico oltre che conoscitore di metallurgia, già genitore dell'autoblindo Corni-Scognamiglio, preparò un progetto basato sull'autotelaio Lancia 25/35 Hp. Il suo progetto fu terminato e il 14 febbraio 1915 ottenne un brevetto sui file di progetto (numero 147355). Nell'aprile del 1915 venne consegnato il primo prototipo e iniziarono immediatamente tutti i test previsti. Dopo le prove, la prima Ansaldo Lancia 1Z venne consegnata a Udine nei primi giorni di agosto del 1915; a esso seguiranno, fino al 1918, altre 137 macchine. Le prime 37 blindo denominate 1Z, costruite fino al 1916, si caratterizzavano per le due torrette sovrapposte, una sopra l'altra, con quella superiore di diametro di circa la metà di quello inferiore. Queste torrette ospitavano tre mitragliatrici Maxim 1906 da 6,8 mm. A causa di ciò il peso complessivo del veicolo risultava sbilanciato e appesantito. Per ovviare a questo problema fu posto allo studio una nuova versione denominata 1ZM, dalla quale venne eliminata la torretta superiore, e la mitragliatrice rimasta libera veniva alloggiata sul retro del veicolo.

Un altro grosso problema del primo modello di Lancia 1Z era costituito dall'armamento, specialmente se posto in relazione con la scarsa qualità della blindatura. Si pensò quindi che aumentando il calibro delle armi a bordo, in parte si risolvesse il problema. Le Maxim furono quindi rimpiazzate e sostituite da tre *St.Etienne* 907F da 8 mm. La scelta, tuttavia, si rilevò infausta poiché le armi francesi non erano esenti da problemi, essendo inclini all'inceppamento e di difficile uso e manutenzione da parte dell'equipaggio, oltre a risultare parecchio problematiche nel tiro in movimento.

▲ Bella immagine a colori della Lancia 1Z nella vecchia versione con due torrette.

Le auto blindate Ansaldo furono tutte designate come Lancia 1Z o 1ZM seconda serie, mentre le auto prodotte nel 1918 furono designate come Lancia 1ZM terza serie. La gran parte degli esemplari realizzati apparteneva a questa ultima serie.

La Lancia IZ, il grosso e pesante veicolo italiano, si rilevò uno dei più interessanti della Prima Guerra Mondiale, con una potenza di fuoco elevata, scompensata da una mobilità non paragonabile a quella di mezzi più leggeri. Esso venne realizzato in parecchi esemplari nella Prima Guerra Mondiale e, data la sua praticità, venne usato fino alla seconda guerra, sostituito poi dalle nuove e moderne AB 40, 41 e 43.

■ CARATTERISTICHE

La Lancia1Z montava il telaio dell'autocarro leggero 1Z, identificato con il nome Vettura 35HP-1915 Tipo 1ZM o "Chassis speciale 25HP per automitragliatrice". Sia il modello 1Z che il 1ZM avevano le stesse caratteristiche di peso e dimensioni; ovviamente il secondo tipo era più basso per via dell'abolizione della terza torretta, il motore 4 cilindri a benzina da 4950cc raffreddato ad acqua era montato anteriormente, e aveva una potenza di circa 70 Hp e 2200 giri al minuto. La trasmissione era a cardano, con 4 marce più la retro, ed era installato un doppio sistema di frenatura a pedale e a mano.

Il serbatoio del carburante era di forma cilindrica e prudentemente posto al centro della camera di combattimento. Esso aveva una capacità di 100 litri di benzina, che gli permetteva un'autonomia massima di 300 Km. Il serbatoio dell'olio conteneva 9 litri.

La velocità massima su strada era di 60 km/h, con ruote posteriori gemellate motrici e anteriori direttrici, con pneumatici in gomma piena e le ruote in acciaio protetti inoltre da parafanghi blindati.

Tuttavia nel 1917 il design fu nuovamente modificato con l'abbandono delle coperture blindate sulle ruote anteriori a favore di un semplice parafango e anche di un nuovo sistema di protezione delle alette del radiatore. La guida del veicolo era sistemata a destra.

La corazzatura costituita con piastre corazzate d'acciaio al cromo-nickel era di 6,5 mm su tutta la vettura tranne che sul fondo, dove era di soli 2,5 mm, e in corrispondenza del serbatoio dove era aumentato a 5mm.

▲ Autoblindo Lancia 1Z nella prima versione con due torrette ma già senza il parafango blindato anteriore.

AUTOBLINDO ANSALDO LANCIA 1Z - GUERRA D'ABISSINIA 1935-36

Il mezzo appariva diviso in tre parti: cofano e motore, camera di combattimento e torretta. Il cofano era blindato e dotato di alette sul radiatore per il raffreddamento, la parte anteriore della cabina, inclinata, era dotata di uno sportello rettangolare rialzabile per la guida da parte del guidatore e del capo carro seduto accanto. Anche tutte le feritoie angolari si potevano aprire e chiudere dall'interno. Su ogni lato del mezzo erano presenti due grandi porte di accesso simili, entrambe munite di una feritoia. Le altre tre feritoie erano poste su ogni lato, e infine un'ultima più grande sulla poppa per la mitragliatrice posteriore. All'interno della camera di combattimento il serbatoio della benzina fungeva anche da panca per l'equipaggio composto da un totale di 6 o 7 elementi: pilota, capo-blindo, tre mitraglieri e uno o due serventi. Sul tetto della torretta era anche presente un portello circolare di piccolo diametro, la torretta ruotava sul cassone su due anelli di cuscinetti a sfera. Come detto, il modello 1Z era composto di due torrette girevoli, brandeggianti su 360°. La prima, più bassa e più grande, era armata con due mitragliatrici indipendenti su supporti snodati, ognuna con settore orizzontale di 43° e alzo da -15° a +35°. La seconda torretta, più piccola, era posta sulla prima, ed era munita di botola, anch'essa armata di un'altra mitragliatrice. Questa terza mitragliatrice venne, come detto, spostata sul retro nella versione 1ZM, e venne installata su una blindosfera nella feritoia posteriore. Quest'arma poteva anche essere sbarcata e usata dal suo equipaggio sul treppiede in dotazione alla blindo. Sopra il cofano erano montate due strutture metalliche tagliareticolati e due ruote di scorta complete erano portate montate esternamente sul lato destro; col tempo si preferì poi sistemarle sulla parte inferiore della poppa. Per l'illuminazione la Lancia IZ disponeva di un solo grosso riflettore centrale, montato sul davanti del radiatore. Un secondo faretto era poi posto sul lato destro della cabina di guida.

▲ L'interno del sistema di torrette dell'autoblindo Lancia IZ. Notare alle spalle del mitragliere i contenitori delle cartucce per le armi.

AUTOBLINDO ANSALDO LANCIA 1Z - GUERRA D'ABISSINIA 1935-36

L'armamento principale utilizzato durante la Grande Guerra era basato su 3 mitragliatrici americane *Maxim-Vickers* da 6,5mm mod. 1911. Purtroppo la fornitura di queste prime armi non fu mai agevole, tanto che la Ansaldo dovette anche ricorrere ad armi sottratte al nemico, fornendo ben sette veicoli con mitragliatrici *Maxim-Dreyse* da 6,85mm! Comunque tutte le Maxim, come si è già scritto, poco dopo furono sostituite da armi di maggior calibro con le francesi St.Etienne da 8mm con 15.000 colpi in nastri. Era un'arma potente, ma come già detto inaffidabile e assai problematica nell'uso. Nel 1924, quindi, anche queste furono sostituite dalle più affidabili FIAT-Revelli Mod.14 da 6,5mm, fornendo finalmente a queste blindo un armamento adeguato. Tutti e tre questi modelli di arma erano raffreddate ad acqua, fatto questo che comportava non pochi disagio specialmente nei climi caldi delle colonie, che costringeva a caricare l'abitacolo di numerose taniche d'acqua.

Nel 1938 si cercò quindi una nuova soluzione: sulle blindo presenti in A.O.I. vennero installate delle FIAT mod.14/35 da 8mm.

Per curiosità, sull'autoblindo donata all'Afghanistan vennero montate mitragliatrici leggere *SI Mos.* 1918.

Per l'equipaggio, oltre alle mitragliatrici di bordo, veniva fornito come armamento individuale un set di quattro copie di fucile mitragliatore di fabbricazione francese Chauchat mod 1915 CSRG da 8mm.

Queste armi però non trovarono la fiducia dell'equipaggio in quanto ritenute pesanti e di difficile uso; nel 1918 vennero quindi restituite ai francesi e sostituite dai più pratici moschetti nazionali mod.91 da cavalleria.

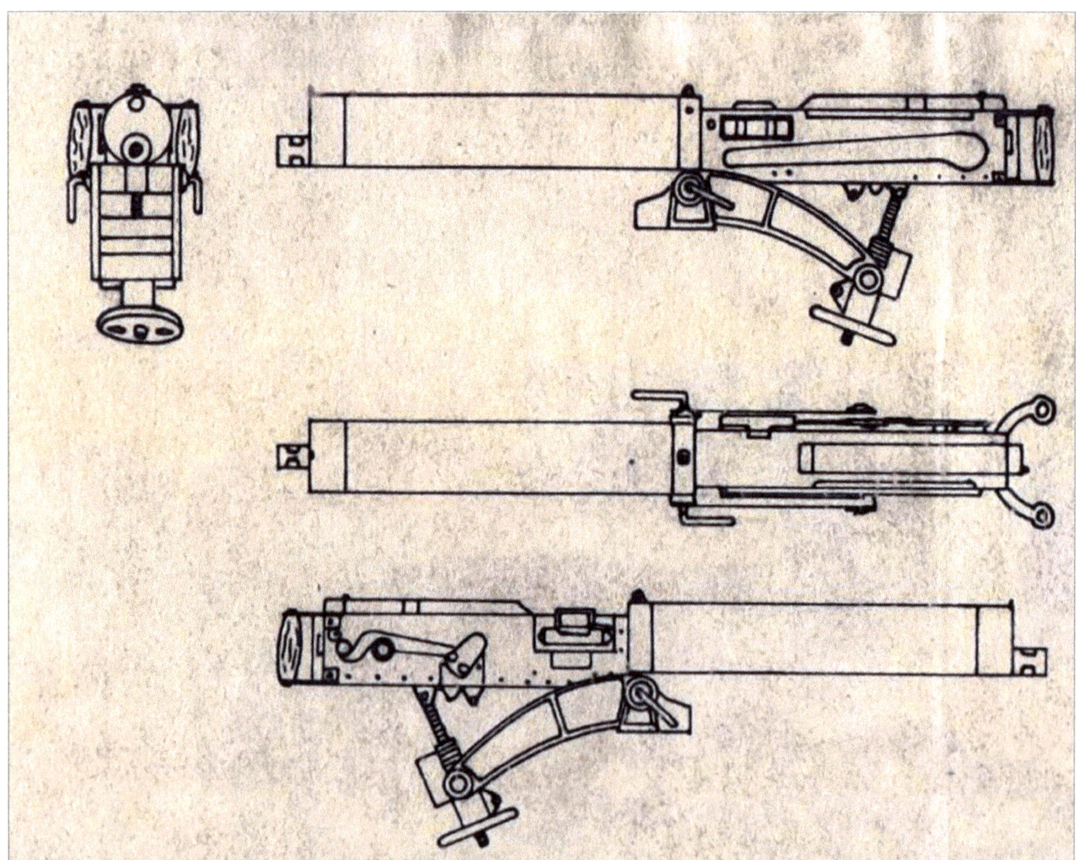

▲ Schema delle mitragliatrici Maxim, le prime ad essere montate sulla Lancia 1Z. Addirittura ne furono montate anche versioni tedesche, prede belliche, prontamente riutilzzate dagli italiani.

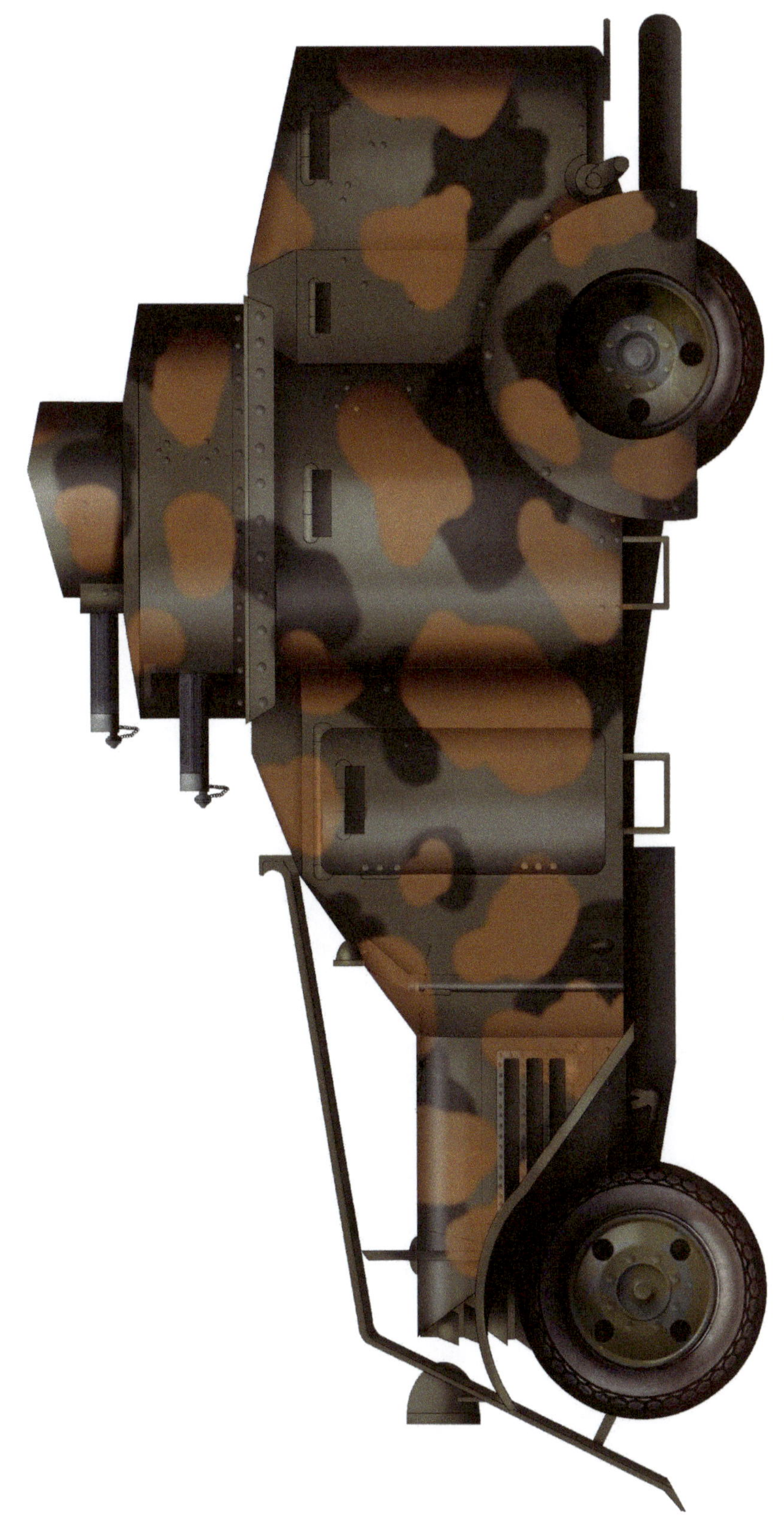

▲ Ansaldo Lancia 1Z del CVT italiano in Spagna, alle porte di Malaga, 1937.

Nel 1915 il Regio Esercito acquisì il nuovo mezzo in 150 esemplari totali, assegnandolo in Squadriglie ai corpi d'armata e ad alcune divisioni. Le Lancia inviate a operare sui fronti alpini e del Carso fecero alcune "prove" in campagna con attenzione, anche perché il terreno non era adatto a operazioni audaci con quel tipo di mezzo. Dopo questi primi test, lo stato maggiore di fatto abbandonò l'idea di utilizzare questi mezzi in prima linea. Nel 1916 alcuni veicoli vennero utilizzati in azioni di disturbo notturne in Val Sugana. Nel 1917 vennero invece impiegati per operazioni di ordine pubblico nel Basso Isonzo, contribuendo non poco a riportare l'ordine sul fronte dopo l'ammutinamento di alcuni reparti della brigata "Catanzaro". Allo stesso scopo, quindi per azioni più di polizia che militare tra il 21 ed il 27 agosto dello stesso anno, furono schierati a Torino nel corso dei sanguinosi scontri detti "la rivolta del pane".

Finalmente, a causa del disastro di Caporetto, le autoblindo iniziarono a rendersi utili, partecipando attivamente alla pugna, ma finirono per subire pesanti perdite, dovute soprattutto alla mancanza di coordinamento, con diverse autoblindo che agirono addirittura di propria iniziativa.

Fu in questa drammatica situazione che il nemico riuscì a catturare diversi esemplari del mezzo che in seguito riutilizzò contro il nostro esercito.

Questa fu anche la più grande perdita di autoblindo, infatti furono 10 i veicoli distrutti o catturati, con pochi altri danneggiati. Sul Piave l'esercito contò solo 28 Lancia 1Z ancora disponibili.

Raggiunta la nuova linea del Piave, e iniziata la consegna da parte dell'Ansaldo delle nuove blindo, furono costituite ben 15 nuove Squadriglie dotate di una quarantina di blindo: una venne stanziata fissa a Torino per con i soliti compiti di Polizia, le altre tutte al fronte. Oltre al loro uso principale nella ricognizione, sul Piave esse erano spesso usate per osservare e dirigere il fuoco dell'artiglieria.

▲ Ansaldo Lancia 1Z abbandonate sul ciglio della strada a seguito della rotta di Caporetto.

Durante l'ultima disperata offensiva austriaca del giugno 1918, grazie anche alla fitta rete di strade che caratterizzava quel fronte, le autoblindo finalmente ebbero la possibilità di far valere tutto il loro potenziale, e il loro apporto durante la battaglia di contenimento fu molto apprezzato dai comandi, ma era anche la prima volta che il comando aveva dato disposizioni chiare sull'utilizzo della "nuova" arma: la Lancia visse finalmente alcuni giorni di gloria.

Durante la finale battaglia di Vittorio Veneto, il Comado Supremo redigeva il primo documento su "Norme d'impiego delle squadriglie di Automitragliatrici", in cui si raccomandava l'uso dei mezzi in audaci azioni di sorpresa, e l'invito di impiegare i mezzi almeno in coppia.

Nella battaglia di Vittorio Veneto, le blindo vennero impiegate per sfruttare i successi della fanteria, con veloci avanzate per occupare punti di interesse strategico, col nemico ormai in rotta ovunque. Questa corsa in avanti si rivelò un successo completo, tanto che tutte le squadriglie di autoblindo, per l'attività svolta durante la battaglia di Vittorio Veneto, ottennero una menzione speciale da parte del Comando Supremo. Nell'ultimo anno di guerra le 1ZM erano oramai schierate ovunque ci fosse un soldato italiano, dalla Dalmazia ai Balcani, a Roma e Milano, fino alla colonia della Libia.

POST WW1

Il primo intervento post-conflitto avvenne nel settembre 1919, quando gli equipaggi di ben 22 mezzi si unirono alle truppe di Gabriele d'Annunzio nell'Impresa di Fiume, e andarono a costituire la "1ª squadriglia Automitragliatrici Blindate della Reggenza Italiana del Carnaro". Le Lancia furono sempre presenti a

▲ L'unico esemplare noto di Lancia 1Z catturato dagli austriaci dopo Caporetto.

▲ Ansaldo Lancia 1Z, uno dei circa 50 veicoli corazzati Lancia convertiti nel 1921-1923 presso lo stabilimento ferroviario di Inchicore per l'utilizzo sulle ferrovie dal Genio in Irlanda.

▲ Vista prospettica della Ansaldo Lancia 1ZM dall'alto, di fronte e di retro (coda). È ben visibile sulla vista frontale il fanalone centrale e su quella di coda la finestra della terza mitragliatrice e la targa del veicolo.

TRENTO

tutte le manifestazione dannunziane, e divennero la dimostrazione tangibile della forza del regime. Ben 4 Sqdr (1, 5, 7 e 15) facevano parte dei reparti del Regio Esercito che nel dicembre del 1920 accerchiarono Fiume, ma non vi furono scontri fratricidi. Finita l'avventura fiumana, tutte le blindo furono riacquisite dal R.E.

Nel giugno del 1920, una squadriglia di Lancia 1Z fu inviata in Albania, dove prese parte agli scontri contro gli insorti albanesi a Valona.

Dopo il collaudato ed efficace servizio dimostrato conto gli ammutinati e gli scioperanti di Torino le 1ZM trovarono un ideale utilizzo nei compiti di pubblica sicurezza e mantenimento dell'ordine; risultarono quindi utili per contenere le continue manifestazioni popolari di quegli anni, tanto che il corpo di Pubblica Sicurezza venne dotato di 35 Lancia, organizzate in 7 squadriglie.

Si ha notizia certa che almeno una blindo prese parte alla "Marcia su Roma" del 1920.

Nel 1926, dopo l'assegnazione alla Polizia, 34 Lancia furono assegnate anche ai Carabinieri e dislocate a Napoli. Due vennero inviate nel Dodecanneso, andando a rinforzare il locale reparto corazzato.

Le Lancia, insieme ad altre "vecchie" blindo, parteciparono alle operazioni del 1919 per la riconquista della Libia, con una sezione per un totale di 11 mezzi, le quali giunsero nella colonia senza personale, che venne poi reperito in loco. Questo fatto comportò alcuni problemi e sfortunati episodi in Africa.

Nel 1930 il mezzo considerato ormai superato e vetusto fu inserito in un processo di revisione-dismissione da parte dello Sato maggiore. Il progetto vide la riassegnazione delle macchine rimaste a disposizione con compiti di difesa costiera e territoriale specialmente nelle colonie. Contemporaneamente iniziarono anche cessioni e vendite a terzi paesi, fra questi: Albania, Afghanistan, Cecoslovacchia, Ungheria e Austria, in particolare le blindo albanesi tornarono in mano nostra dopo la conquista del paese balcanico da parte del regio esercito nel 1939.

Nel 1937 4 Lancia 1ZM furono trasferite alla concessione italiana cinese di Tientsin in estremo oriente, rimanendo in servizio fino al Settembre del 1943, quando il Giappone occupò il presidio e catturò definitivamente le 4 blindo.

▲ Uno dei primi prototipi della Lancia 1Z negli spazi degli stabilimenti Ansaldo.

Nel 1926 6 mezzi furono inviati in Somalia, e vennero addestrati equipaggi misti composti da Ascari e nazionali. Presero quindi parte insieme ad altre poste in Eritrea nella campagna del 1935 accanto ai carri leggeri e alle nuove FIAT 611. In quegli anni i mezzi subirono anche alcune migliorie: per esempio vennero adottati pneumatici più larghi e moderni. Nonostante l'arma fosse divenuta anacronistica, su quel fronte Graziani riuscì ad adoperarle in maniera estremamente efficace.

GUERRA CIVILE SPAGNOLA

Ad accompagnare i reparti del CTV (Corpo truppe volontarie) in Spagna, si spedì uno "spezzatino" di 8 mezzi di vari tipoe modello di Lancia 1Z. Furono fatti sbarcare a Cadice il 5 gennaio 1937, allo scopo di sostenere le forze nazionaliste del generale Franco nella guerra civile spagnola.

Tutti gli 8 veicoli vennero affidati a una compagnia di auto blindate indipendente nel Corpo Truppe Volontarie sotto il comando generale del maggiore Lohengrin Giraud. Questi veicoli presero parte attiva nella conquista di Malaga nel febbraio 1937.

Successivamente furono presenti anche a Guadalajara nel marzo 1937. Nell'agosto dello stesso anni al comando del colonnello Babini, furono mandati in combattimento a Santander e nelle successive offensive aragonesi e catalane fino al 1938 inoltrato. In Spagna, la Lancia 1ZM dimostrò ancora la sua adattabilità, tuttavia lo scontro con mezzi più moderni fece registrare un alto aumento di perdite, e almeno un 1ZM finì catturato per essere riutilizzato dalle forze repubblicane.

Degli 8 primitivi veicoli inviati, 5 andarono persi a causa di combattimenti, guasti meccanici o catturati dal nemico. Solo tre (uno a doppia torretta e due esemplari a torretta singola) erano ancora operativi nel febbraio 1939, quando furono visti sfilare in parata a Barcellona.

Ormai decrepiti, questi ultimi mezzi vennero lasciati alle autorità spagnole, tuttavia da allora non si seppe più nulla di queste ultime macchine. Probabilmente candarono distrutte poco tempo dopo. Le lezioni generate dall'uso dell'1ZM e della guerra civile spagnola in generale sarebbero state messe a frutto in patria per la realizzazione di un'autoblindo standard sostitutiva per l'esercito.

▲ Auto blindate Lancia IZ e Lancia IZM schierate in Spagna in una parata cerimoniale dopo l'occupazione di Barcellona il 21 febbraio 1939.

AUTOBLINDO ANSALDO LANCIA 1ZM - NORD AFRICA VERSIONE IN USO TEDESCA, 1943

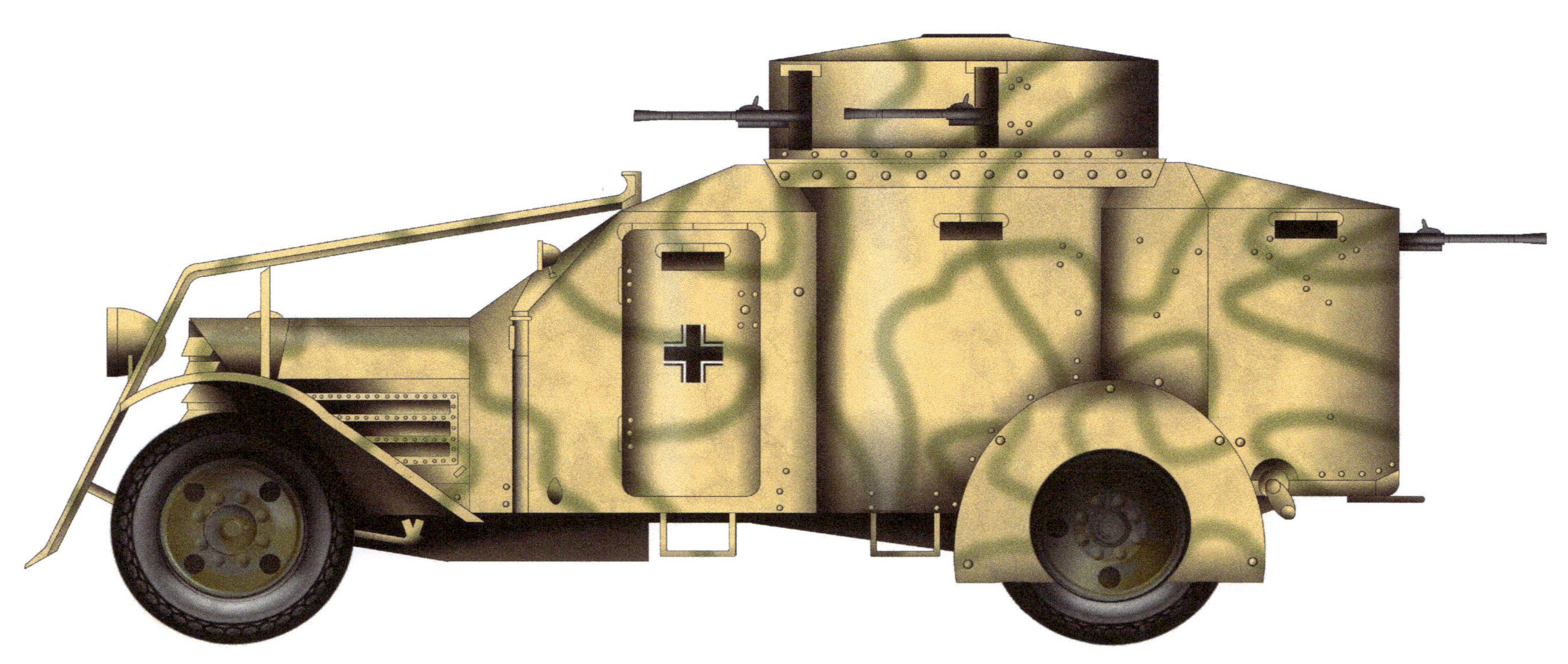

▲ Due immagini della stessa auto blindata Lancia IZM catturata agli italiani dopo l'armistizio, qui in formazione del 1° Battaglione SS Reggimento Polizia "Bozen" in Jugoslavia. Courtesy Bundesarchiv (colorazione autore).

■ LA SECONDA GUERRA MONDIALE

Nonostante fossero più che obsolete, all'inizio del secondo conflitto mondiale c'erano ancora 34 autoblindo Lancia 1ZM in servizio con l'Esercito Italiano. Nonostante i vari proponimenti non esisteva ancora un'autoblindata sostitutiva. Di questi 34 veicoli, 13 furono inviati in Libia nel gennaio 1941 e diversi altri furono inviati nei Balcani.

Un plotone fu inviato anche sull'isola di Rodi nel Dodecaneso controllato dagli italiani, a rinforzare il debole reparto corazzato delle isole. L'ultimo utilizzo noto da parte delle forze italiane della lancia 1Z fu nel settembre del 1943 in Cina, dove i mezzi servirono come forza di difesa contro i giapponesi nella concessione italiana a Tianjin.

Tutte le altre Lancia furono usate principalmente in A.O.I. (dove già si trovavano dai tempi della guerra abissina) e qui ovviamente fecero quel che poterono in quel teatro operativo enorme, distante e abbandonato. La precedente conquista del Somaliland nel 1940 fu l'ultima incruenta "cavalcata" per le *vecchie signore* Lancia 1Z!

La Lancia 1Z sopravvisse effettivamente in uso con l'esercito italiano fino all'armistizio nel settembre 1943 dopodiché gli esemplari rimanenti furono tutti riutilizzati in qualche modo dalle forze tedesche nei Balcani fino alla fine della guerra, cosa che del resto fecero con ogni mezzo recuperato agli italiani.

La 1ZM rimase per tutta la sua storia un'autoblindo ben armata e basata su un telaio robusto, ma era semplicemente troppo lenta e dotata di una blindatura ridicola per risultare davvero utile durante la Seconda Guerra Mondiale.

■ ALTRI UTILIZZATORI

Oltre ai mezzi forniti all'esercito, specialmente nel primo dopoguerra alcune macchine vennero assegnate anche ai Reali Carabinieri, in 34 esemplari, e 35 invece alle Guardie Regie, ereditate poi dalla MVSN del partito. Questi mezzi erano riconoscibili per i relativi stemmi di appartenenza dipinti sulla torretta.

Fra gli stati stranieri che in varie maniere acquistarono o si trovarono in possesso del mezzo, ricordiamo quelli che furono venduti all'Albania, di cui costituirono per anni l'unica forza corazzata.

Uno fu donato dal governo italiano all'Afghanistan, fornito con i colori nazionali verde, rosso e nero dipinti sulla torretta e armato con le inconsuete mitragliatrici SIA Mod. 1918. Questo curioso mezzo oggi è uno dei pochi sopravvissuti ed è conservato in un museo tedesco.

Quattro blindo armarono, come si è già detto, la guarnigione della Concessione italiana di Tientsin. Questo era un assai poco noto possedimento coloniale italiano in Cina, amministrato dal Regno d'Italia tra il 1901 e il 1943.

Otto blindo furono utilizzate dagli italiani durante la guerra civile spagnola; furono sbarcate a Cadice e poi vennero utilizzate nella conquista di malaga e successivamente nella battaglia di Guadalajara, comparendo infine nelle parate celebrative finali svoltesi dopo la vittoria nazionalista. Ma per quell'epoca queste macchine erano già obsolete e poi in parte lasciate all'esercito di Franco.

Alcuni mezzi finirono catturati nella Prima Guerra Mondiale e reimpiegati da Austria e Germania. Dopo la guerra alcuni mezzi risultarono in dotazione ealla Cecoslovacchia e all'Ungheria, nonché al nuovo stato austriaco. Durante la Seconda Guerra Mondiale era ancora in servizio soprattutto nelle colonie: in Libia, in Africa Orientale Italiana e nel Dodecaneso. Dopo l'8 settembre 1943 i pochi esemplari ancora in servizio sul territorio italiano ed europeo furono tutti requisiti e ri-usati dalla Wehrmacht (osservate alla pagina precedente quella impiegata dal 1° battaglione del *Polizeiregiment* "Bozen") soprattutto nella scorta convogli e nella lotta anti-partigiana. Il mezzo fu ribattezzato Pz.Sp.Wg.Lancia 1ZM(i).

Curiosamente infine ricordiamo anche di circa 50 (?) veicoli corazzati Lancia riconvertiti nel 1921-1923 presso lo stabilimento ferroviario di Inchicore per l'utilizzo sulle ferrovie dal Genio in Irlanda.

▲ Di nuovo l'autoblindo Lancia IZM del 1° Battaglione SS Reggimento Polizia "Bozen" in Jugoslavia.

▼ Due delle autoblindo 1ZM di stanza a Rodi visti dopo un'azione nel settembre 1943. Catturati e osservati da personale tedesco. Il veicolo in primo piano ha perso la ruota anteriore destra (Archivio A. Lopez).

AUTOBLINDO ANSALDO LANCIA 1ZM - CCCXII BATT. CARRISTI A RODI DODECANNESO, 1943

▲ Una Ansaldo Lancia 1Z con soldati italiani fine Prima Guerra Mondiale o forse durante la spedizione di Fiume.

▼ Vista di uno dei pochi esemplari rimasti della lancia 1Z. Museo de Henriquez, Trieste. Archivio Foti.

AUTOBLINDO ANSALDO LANCIA 1ZM - 1° BATTAGLIONE DEL *POLIZEIREGIMENT* "BOZEN", 1943

▲ Una delle autoblinde Lancia 1ZM fornite alle truppe volontarie ceche che combatterono per l'esercito italiano e che a fine guerra vennero concesse alla nuova repubblica cecoslovacca.

COLORI E MIMETICHE REGIO ESERCITO WW2

verde medio chiaro
1936-1943 mimetico

grigio verde
1936-1945 fondo

bruno rossiccio
1936-1943 fondo

sabbia chiaro
1941-1945 fondo

sabbia scuro
1943-1945 fondo

sabbia alternativo
1941-1945 fondo

verde scuro
1936-1943 mimetico

gun metal-cingoli

gomma scura cingoli

panzer grey
1943-1945 fondo

tuta carristi

khaki nord Africa

rosso minio carri

bianco avorio interno

LE PRIME AUTOBLINDE ITALIANE

AUTOBLINDO ANSALDO LANCIA 1ZM - IN USO TEDESCO NEI BALCANI, 1944

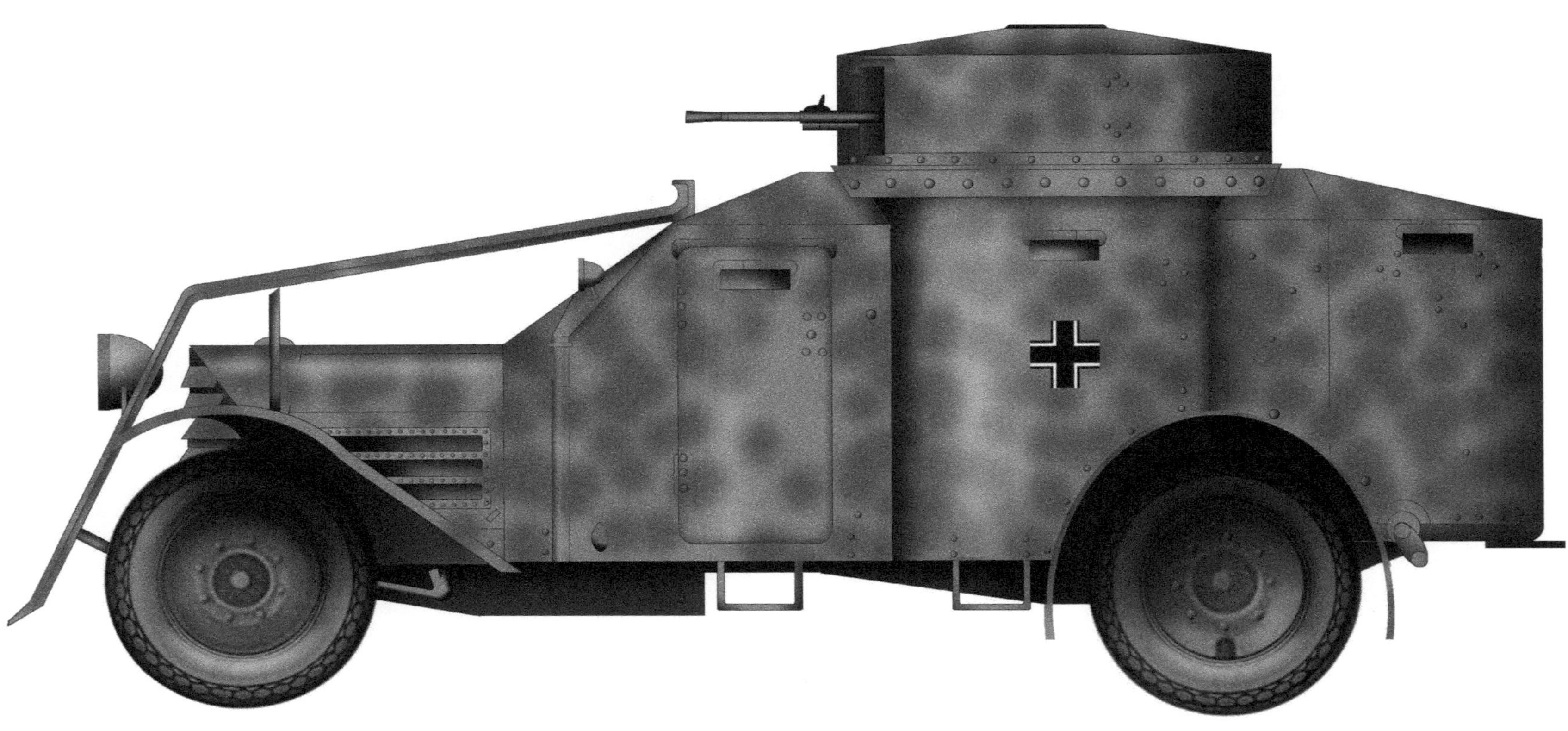

▲ Immagine della catena di montaggio della lancia 1Z alla Ansaldo nel 1917.

▼ Due viste del motore in dotazione alla Ansaldo lancia 1Z, il motore Lancia 4 cilindri da 4940 cm³ 70 hp a benzina.

▲ Auto blindata Lancia IZM. Interessante la vista con la rimozione della torretta superiore.

▼ Interno di una Lancia 1ZM con bella vista sul posto guida. Il cilindro nel mezzo della camera di combattimento era il serbatoio del carburante e serviva anche da supporto per il membro dell'equipaggio in cima alla torretta.

▲ Rara immagine di una delle sei Ansaldo Lancia 1Z appartenenti al CCCXIII carristi a Rodi nel Dodecanneso. Foto fornita da Paolo Crippa e appartenente all'archivio famiglia Pedonesi .

LA AUTOBLINDO FIAT 611

■ STORIA DEL PROGETTO E CARATTERISTICHE

Nei primi anni '30 si pensava che ormai la gloriosa Lancia 1Z avesse fatto il suo tempo, e da tempo si stava lavorando attorno a un nuovo progetto in FIAT. Progettata dalla Ansaldo nel 1932 intorno all'autocarro FIAT 611 C (Coloniale), progenitore anche del FIAT Dovunque 33, da questo camion prese il nome di AB 611 e venne per prima adottata già nel 1933 dal Corpo guardie di pubblica sicurezza.

Due anni dopo, allo scoppio della guerra d'Abissinia, il nuovo mezzo cascava a fagiolo. Venne subito inviato nel teatro operativo africano entrando a far parte della *sezione autonoma di autoblindo speciali*, dove operò insieme alla più anziana Lancia 1Z e ai carri veloci CV33.

Purtroppo già in questo primo esordio, la macchina mostrò i suoi primi difetti: peso davvero ingombrante, bassa velocità e scarsa maneggevolezza su terreno vario presente nelle colonie. Il mezzo poi rimasto in A.O.I. prese quindi parte alla Seconda Guerra Mondiale con pochi o nulli benefici per le nostre forze armate, a dimostrazione di un progetto nato già vecchio.

Basata come detto sul robusto telaio dell'autocarro FIAT 611 coloniale con ben 10 ruote, 4+4 posteriori motrici e due anteriori direttrici, nei fatti quello del telaio rimase la sola o quasi componente veramente moderna del nuovo veicolo. Vi erano poi due ruote di scorta, una per lato nell'asso mediano del mezzo.

Era fornito di un motore FIAT 122 B a 4 cilindri da 2516 cm3, della potenza di 56hp, motore che forniva una velocità assai bassa, solo poco meno di 30 km orari su strada e meno di 10 fuori strada, con una autonomia di 280 km.

Aveva un abitacolo particolarmente spazioso che poteva ospitare un equipaggio di 5/6 uomini. Dotata dell'interessante possibilità di poter manovrare in avanti o all'indietro con un opportuno doppio sistema di guida, artificio che poi sarà riproposto nelle moderne AB40 e 41.

La blindatura di 15mm era più del doppio di quella usata per la Lancia 1Z (con questo mezzo condivideva il design, in parte). Il motore era posto sotto al cofano blindato anteriore, a seguire la camera di combattimento. Questa aveva due sportelli uguali corazzati sul davanti ad apertura variabile per permettere la difesa del guidatore e del servente-meccanico a lato. Sempre nella parte anteriore della camera da combattimento si aprivano due porte blindate per accedere al mezzo, una per lato.

Nell'interno del vano personale si aprivano diverse feritoie per poter utilizzare la armi personali e fare fuoco. Sulla coda si ripresentava una larga finestra blindata che ospitava la mitragliatrice posteriore e il vano guidatore posteriore. Sull'esterno un poco elegante scatolone blindato fungeva da parafango atto a difendere le ruote motrici posteriori.

■ ARMAMENTO

Sistemato nella torretta centrale, esso poteva contare su due versioni distinte.

La prima versione detta 611A basata su tre mitragliatrici Breda Mod. 5 C, di cui due in torretta e una la già citata posta in coda al veicolo.

La seconda versione 611B del mezzo prevedeva una torretta più pesantemente armata con un cannone Vickers-terni da 37/40 Mod. 30, a sua volta accompagnato da due mitragliatrici Breda già descritte ma poste una in torreta all'indietro rispetto al cannone e una seconda sulla coda del veicolo.

Completava l'armamento la dotazione di fucili moschetto 91 TS per l'equipaggio a bordo oltre a diverse granate. L'equipaggio standard di 5 elementi comprendeva: capocarro, servente del cannone o mitragliatrici, due conduttori del mezzo, uno anteriore e uno posteriore e di un ultimo servente al pezzo posteriore. La versione con cannone parve la più critica delle due versioni, per questo e altre questioni, lo stato maggiore non si innamorò mai di questa nuova autoblindo, facendo mancare nei fatti ordini rilevanti.

Fra prototipi e richieste dei comandi della pubblica sicurezza si arrivò a realizzare 46/48 mezzi complessivi.

Per i primi due anni la FIAT 611 fece solo tante belle parate con la polizia e i carabinieri. Con lo scoppio della guerra contro il Negus, l'esercito requisì questi mezzi ai corpi di polizia e ne spedì un certo numero in Africa orientale. Subito si evidenziò come grande difetto quello che all'inizio pareva essere l'elemento di modernità: il telaio FIAT era semplicemente troppo debole per farsi carico del pesantissimo baraccone corazzato di 7 tonnellate che lo rivestiva, cosa che oltre a limitare la velocità ad andature preoccupanti, ne comprometteva la stabilità, unita a una più che scarsa capacità di superamento di ostacoli naturali.

Insomma, il mezzo era limitato a poter viaggiare su buone strade. In Africa tuttavia la presenza del più grosso cannone disponibile in campagna (superiore anche a quello dei carri veloci) fece valere la sua presenza.

In Somalia arrivarono solo cinque mezzi nella primavera del 1936. Qui fecero squadra con le Lancia 1Z già presenti e costituirono il nostro reparto corazzato nel corno d'Africa...

In A.O.I. anche le mitragliatrici italiane mostrarono i loro difetti e almeno su una o due macchine si procedette alla loro sostituzione con altrettante Lewis britanniche da 7,62mm.

Poco prima dello scoppio della guerra, nel 1939 le blindo furono assegnate al V Gruppo Squadriglie Carri Veloci in appoggio agli L3.

Non sono noti impieghi dell'arma allo scoppio delle ostilità con gli inglesi. Si sa solo che in parte, questi pochi mezzi vennero dirottati in Libia con compiti secondari di pattugliamento. Dopo la perdita dell'Africa tutti questi mezzi finirono in mani inglesi. Le auto blindate FIAT 611 non avevano alcun valore, motivo per cui tutti i veicoli catturati di questo tipo vennero subito rottamati dopo un primo esame. La stessa sorte toccò poco dopo anche ai mezzi rimasti in Italia. Sfortunatamente per gli storici, nessuna auto blindata FIAT 611 è sopravvissuta ai nostri tempi.

▲ Reparto di polizia italiano schierato con AB FIAT 611 e altri mezzi, metà anni '30.

▲ Vista prospettica della FIAT 611 mod. 1932 di fronte.

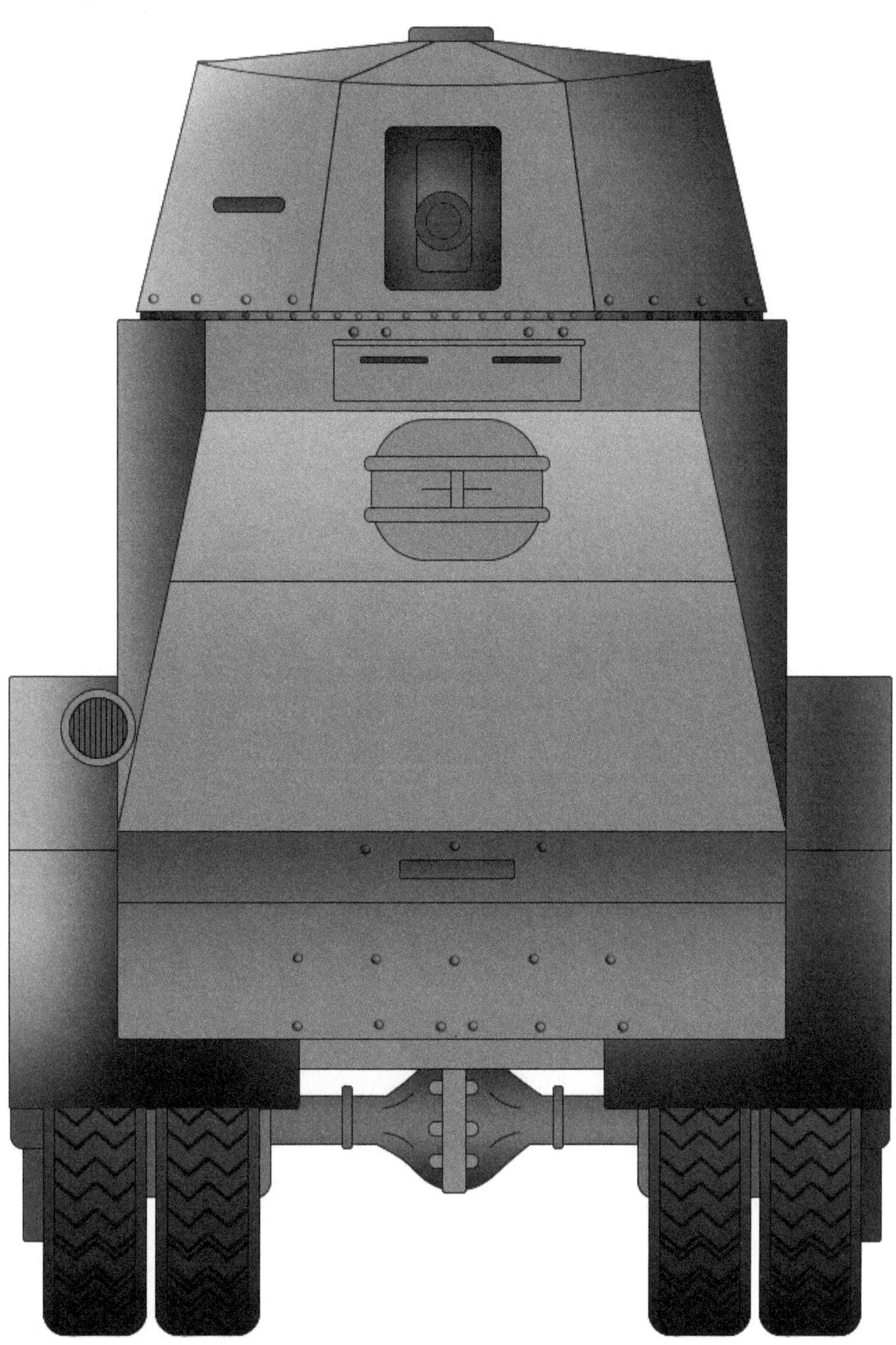

▲ Vista prospettica della FIAT 611 mod. 1932 lato coda-retro.

▲▼ Due belle immagini del telaio FIAT 611 C (coloniale) utilizzato per caricare la blindatura e la carozzeria della pesante autoblindo della FIAT.

▲▼ Sopra: AB FIAT 611 versione con cannone in frica Orientale Italina 1936-1940. Sotto: lo stesso veicolo che permette di apprezzare la "fuga" o retro della autoblindo FIAT.

▲ Per due anni dalla sua presentazione, la FIAT 611 fece solo delle gran parate.

▼ Infilata di mezzi AB FIAT 611, probabilmente in una caserma di polizia italiana.

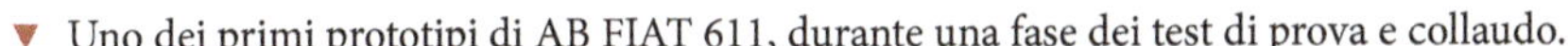

▲ Bella vista dell'interno dell FIAT 611 in cui si apprezza l'agio per l'equipaggio rispetto ad altri mezzi corazzati.

▼ Uno dei primi prototipi di AB FIAT 611, durante una fase dei test di prova e collaudo.

▲ Un militare si fa fotografare accanto alle AB FIAT 611 appena inviate in A.O.I.nel 1936.

▼ Altra immagine della versione AB 611 B con cannone Vichers-Terni da 37/40 Mod. 30.

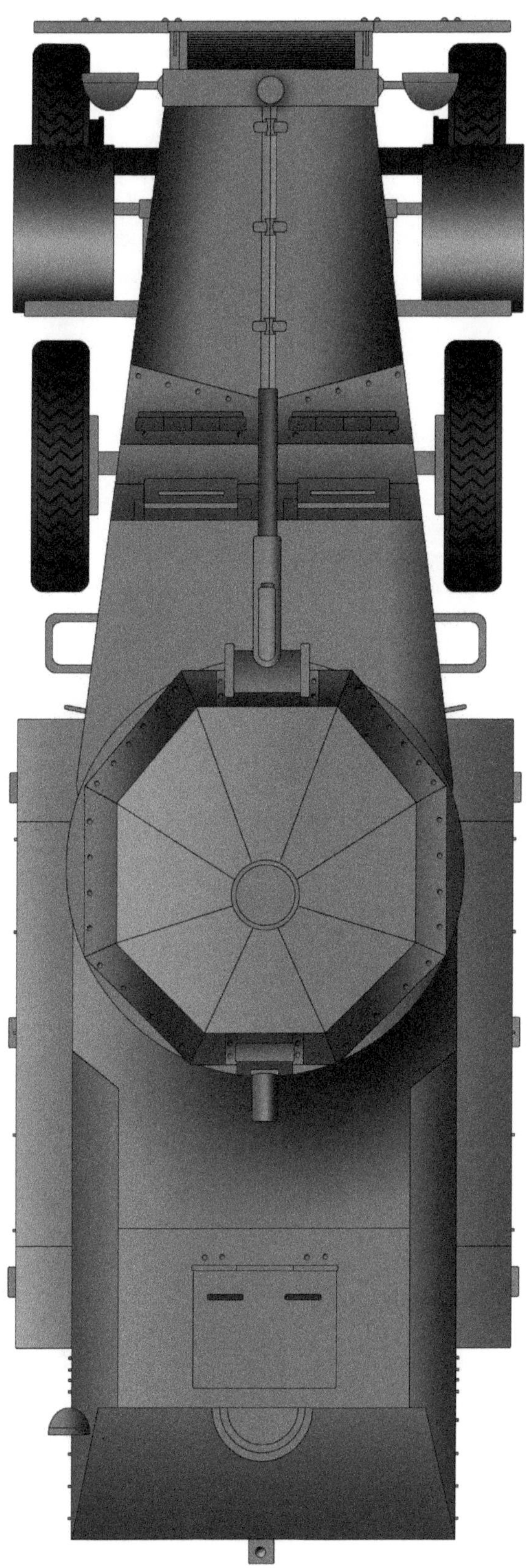

▲ Vista prospettica della FIAT 611 mod. 1932 dall'alto.

AB FIAT 611 SERVIZIO A.O.I ETIOPIA, 1936

SCHEDA TECNICA AUTOBLINDE ITALIANE 1912-1932

	LANCIA 1Z	FIAT 611	FIAT-Terni Tripoli
Lunghezza	5.400 mm	5.600 mm	4545 mm
Larghezza	1.820 mm	1.910 mm	1700 mm
Altezza	2.400 mm	2.560 mm	2370 mm
Data impostazione	1912	1932	1918
Data ritiro servizio	1945	1944	1942
Esemplari	150	46	14
Peso in ordine di combattimento	3.700 kg	6.900 kg	1.400 kg
Equipaggio	6/7	5	4
Motore	Lancia 1Z: Lancia 4 cilindri da 4940 cm³ 70 hp a benzina FIAT 611: FIAT 122B 4 cilindri da 2516 cm³ 56 hp a benzina FIAT-Terni Tripoli: FIAT 53 d 4398 cm³ hp 36 alimentato a benzina		
Velocità massima	60 km/h su strada 15 km/h fuori strada	28 km/h su strada 9 km/h fuori strada	N.d.
Autonomia	300 km su strada 50 h fuori strada	280 km su strada 50 h fuori strada	N.d
Capacità serbatoio	180 L	120 L	400 L
Spessore corazza	6 mm	15 mm	6 mm
Armamento	3 mitragliatrici Maxim 6,5 0 3 FIAT Revelli mod. 1914 da 6,5mm	3 Breda mod. 5C da 6,5 o 1 cannone da 37/40 Mod. 30. 2 Breda Mod. 5C	Una FIAT-Revelli Mod. 1914

▲ Uno dei primi prototipi usciti dalla fabbrica nella prima versione con due mitragliatrici in torretta.

AB FIAT 611 SPECIALE PER SERVIZI DI POLIZIA, 1938

AB FIAT 611 CAMPAGNA D'ITALIA - SICILIA, 1943

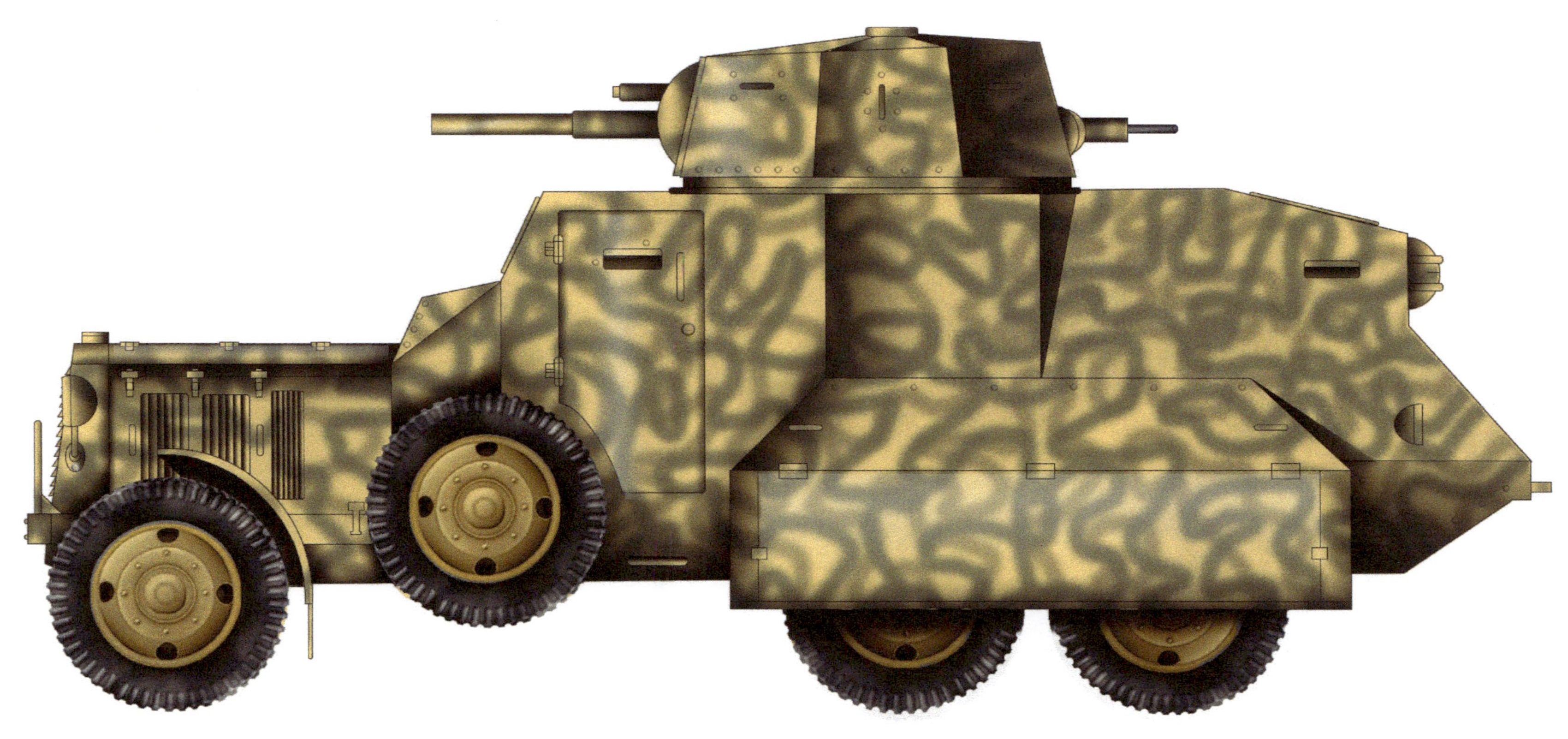

BIBLIOGRAFIA

- *L'autoblindo Lancia 1Z. E le altre italiane del 1912 - 1945 (FIAT Arsenale, Isotta Fraschini, Bianchi e FIAT-Terni)* di Tallillo Antonio , Tallillo Andrea. GMT Trento.
- *Storia Militare, Le autoblindo Lancia 1ZM.* Di Patrizio Tocci.
- *Veicoli da Combattimento dell'Esercito Italiano dal 1939 al 1945.* Falessi, Cesare; Pafi, Benedetto (1976). Intyrama books.
- *Italian Armored Vehicles of World War Two.* Pignato, Nicola (2004).Squadron/Signal publications.
- *Storia dei mezzi corazzati.* Pignato, Nicola. Vol. II. Fratelli Fabbri Editori.
- *I mezzi blindo-corazzati italiani 1923-1943*, Nicola Pignato, Storia Militare, 2005.
- *Gli autoveicoli da combattimento dell'Esercito Italiano, Volume secondo (1940-1945),* Stato Maggiore dell'Esercito, Ufficio Storico, Nicola Pignato e Filippo Cappellano, 2002.
- *Corazzati Italiani 1939-1945*, Nico Sgarlato, War Set n°10, 2006.
- *Mezzi dell'Esercito Italiano 1935-45*, Ugo Barlozzetti & Alberto Pirella, Editoriale Olimpia, 1986.
- *Corazzati e blindati italiani dalle origini allo scoppio della Seconda Guerra Mondiale*, David Vannucci, Editrice Innocenti, 2003.
- *Storia dell'Ansaldo 6. Dall'IRI alla guerra 1930-1945*, Gabriele De Rosa, Gius. Laterza & Figli, 1999.
- *Veicoli militari - 300 memorabili modelli dal 1900 ad oggi*, Chris McNab, editore L'Airone.
- *A Century of Italian Armoured Cars.* Mattioli. Pignato, N. (1995).
- *Automitragliatrici Blindate E Motomitragliatrici nella grande guerra.* Pignato, N. (2012). Paolo Gaspari Editore.
- *Los Medios Blindados de la Guerra Civil Española Teatro de Operaciones Norte*, Alcañiz Fresno's editores. Pérez, A. (2007).
- *Los Medios Blindados de la Guerra Civil Española Teatro de Operaciones de Aragón, Cataluña Y Levante 36/39*, Pérez, A. (2011). Alcañiz Fresno's editores.
- *Los Medios Blindados de la Guerra Civil Española Teatro de Operaciones de Andalucía y Centro 36/39*, Pérez, A. (2007). Alcañiz Fresno's editores.
- *Blindados Italianos en el Ejército de Franco (1936-1939).* Franco, L., García, J. (2009). Galland Books.
- *Ruote in divisa, I veicoli militari italiani 1900-1987;* Brizio Pignacca; Giorgio Nada Editore, 1989
- *Gli autoveicoli tattici e logistici del Regio Esercito Italiano fino al 1943;* Nicola Pignato, Filippo Cappellano; tom II; Stato Maggiore dell'Esercito, Ufficio Storico, 2005
- *I "dovunque" FIAT, SPA e Breda;* Nicola Pignato; T.&T. Edizioni, 2006.
- *La riconquista della Libia*, Emilio Bonaiti, ICSM.

TITOLI PUBBLICATI O IN LAVORAZIONE

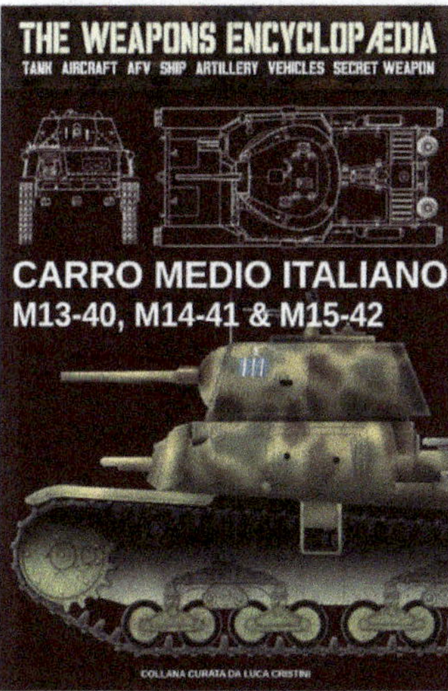